Name: _____

HISTORY
TIMELINE
notebook

My History · Prehistory · Ancient Times
Middle Ages · Early Modern · Modern

ART + BOOKS + NATURE

TABLE of CONTENTS

Use the "best of" pages at the beginning of each section to doodle,
collage, and summarize the most notable moments of the era.

MY HISTORY

PREHISTORY

the best of

PREHISTORY

PREHISTORY

PREHISTORY

ANCIENT TIMES

6000 B.C.E. – 500 C.E.

the best of

ANCIENT TIMES

5900

6000

5800

5700

5600

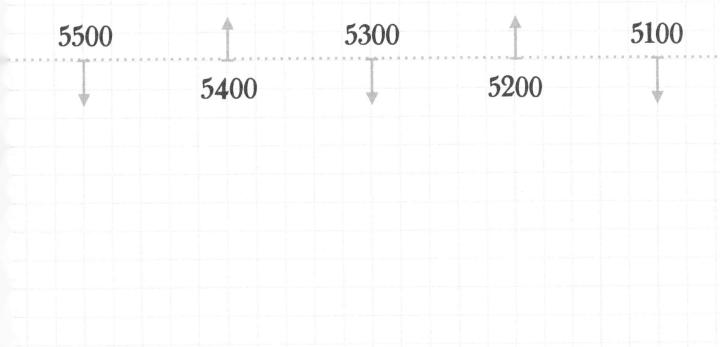

5500

5400

5300

5200

5100

4900

5000

4800

4700

4600

4500

4400

4300

4200

4100

3900

4000

3800

3700

3600

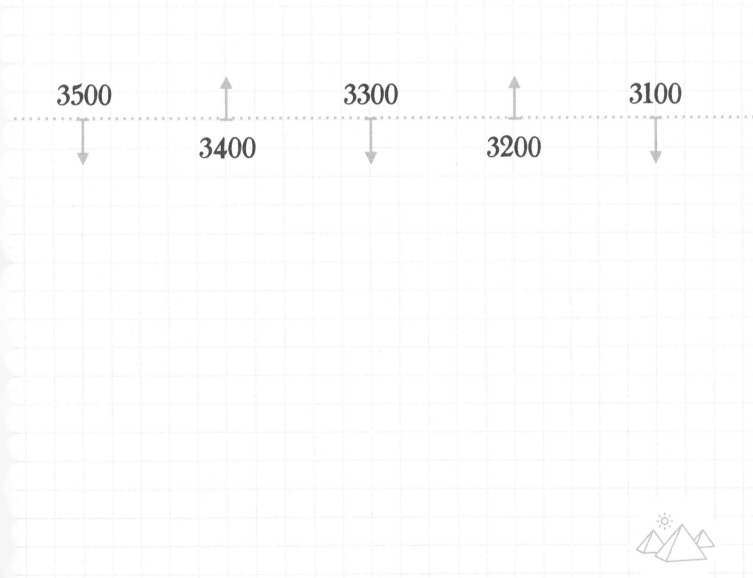

3500

3400

3300

3200

3100

2900

3000

2800

2700

2600

2500

2400

2300

2200

2100

1900

2000

1800

1700

1600

1500   1400   1300   1200   1100

950

1000

900

850

800

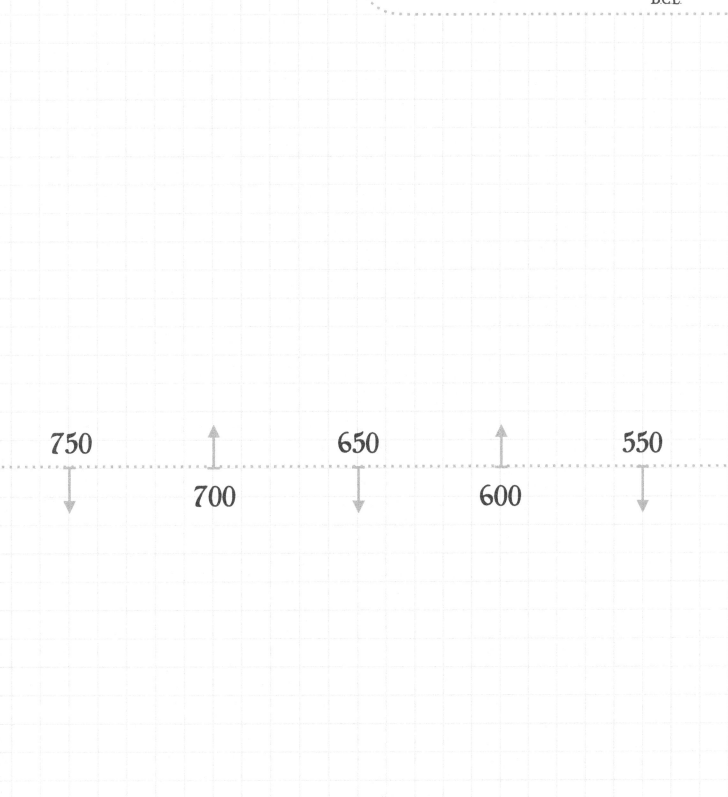

750

700

650

600

550

490

500

480

470

460

450   440   430   420   410

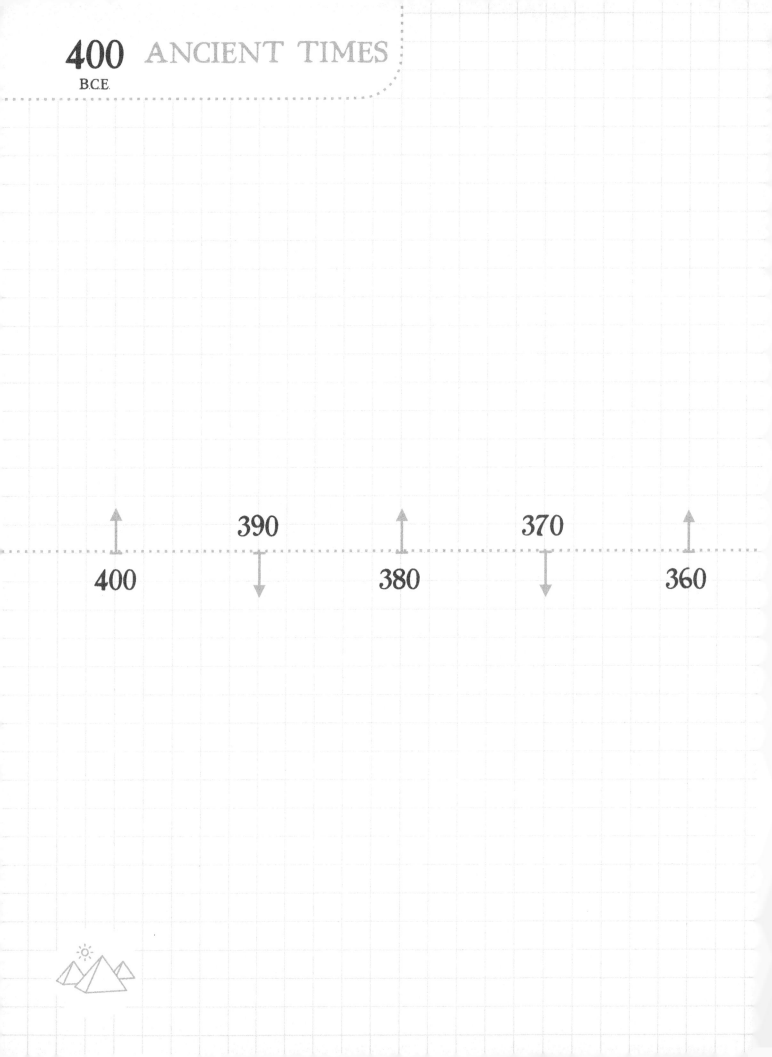

400

390

380

370

360

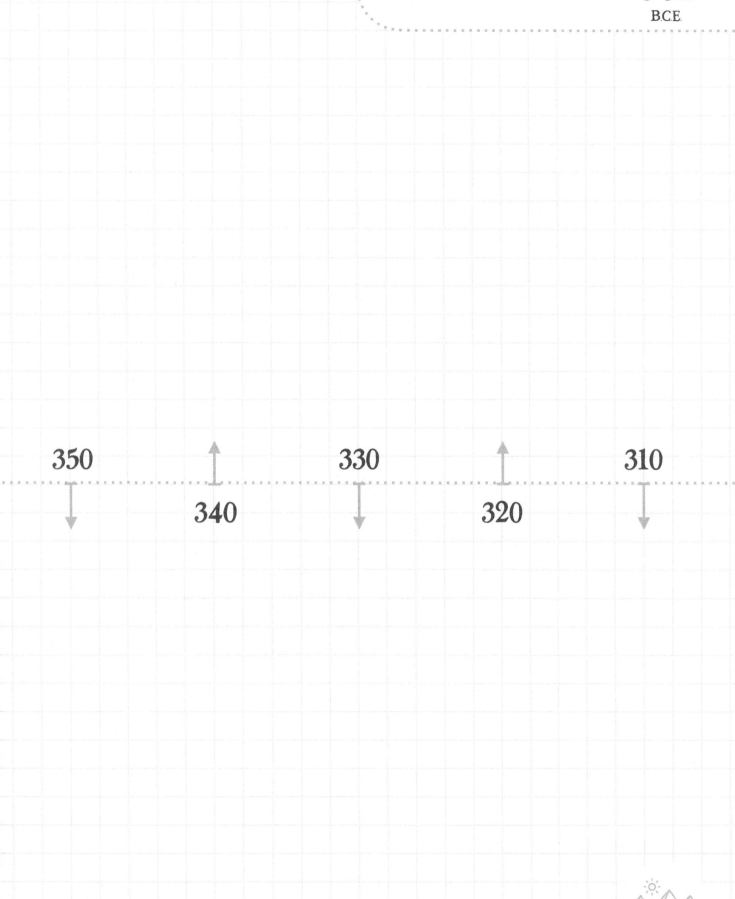

350

340

330

320

310

290

270

300

280

260

250

240

230

220

210

200

190

180

170

160

150

140

130

120

110

100   90   80   70   60

50

40

30

20

10

10   30

0   20   40

50

60

70

80

90

110

130

100

120

140

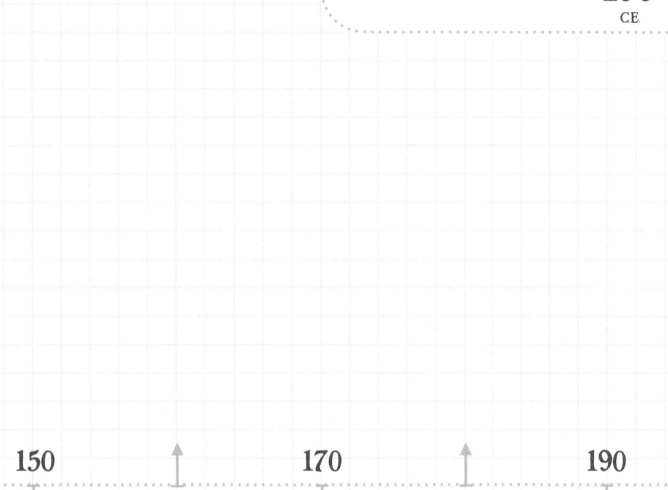

150

160

170

180

190

210

200

220

230

240

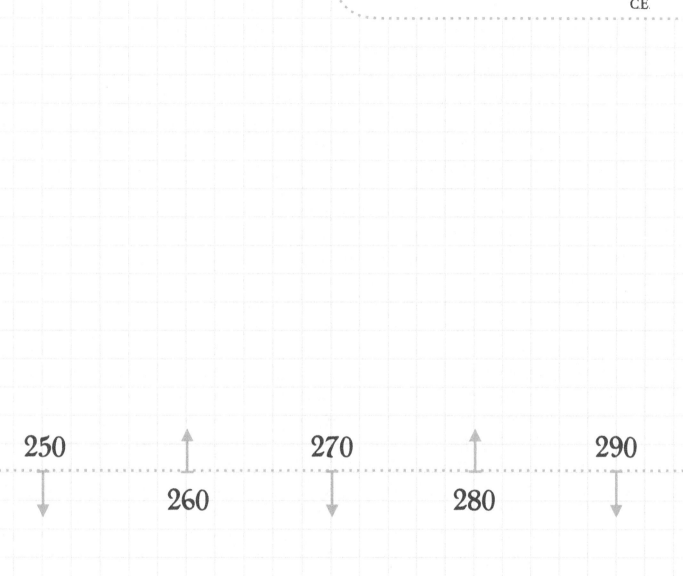

250

260

270

280

290

310

300

320

330

340

350

360

370

380

390

410

400

420

430

440

450

460

470

480

490

MIDDLE AGES

500 - 1600 C.E.

the best of

THE MIDDLE AGES

510

500

530

520

540

550

560

570

580

590

610

600

620

630

640

650

660

670

680

690

710

730

700

720

740

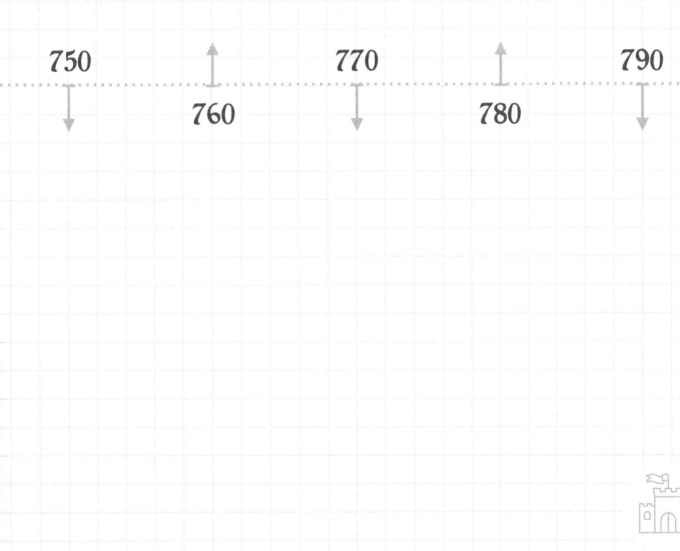

750

760

770

780

790

810

830

800

820

840

850

860

870

880

890

910

930

900

920

940

950

960

970

980

990

1010

1000

1020

1030

1040

1050

1060

1070

1080

1090

1110

1130

1100

1120

1140

1150

1160

1170

1180

1190

1210

1230

1200

1220

1240

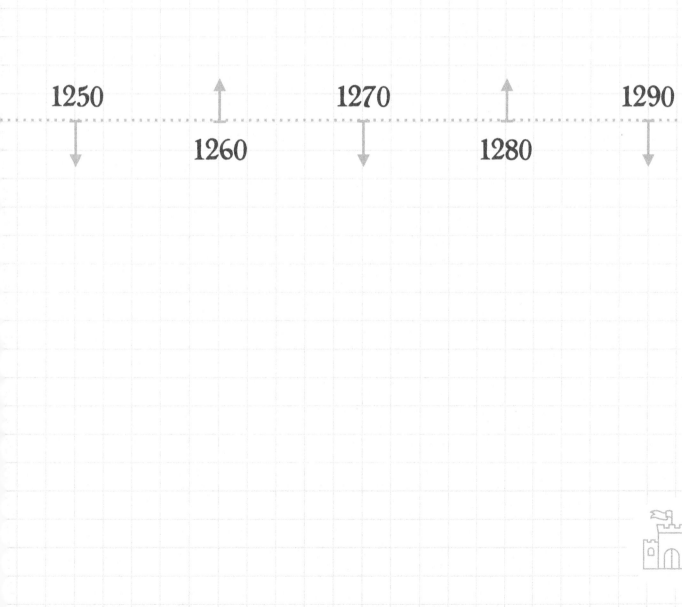

1250

1260

1270

1280

1290

1310

1330

1300

1320

1340

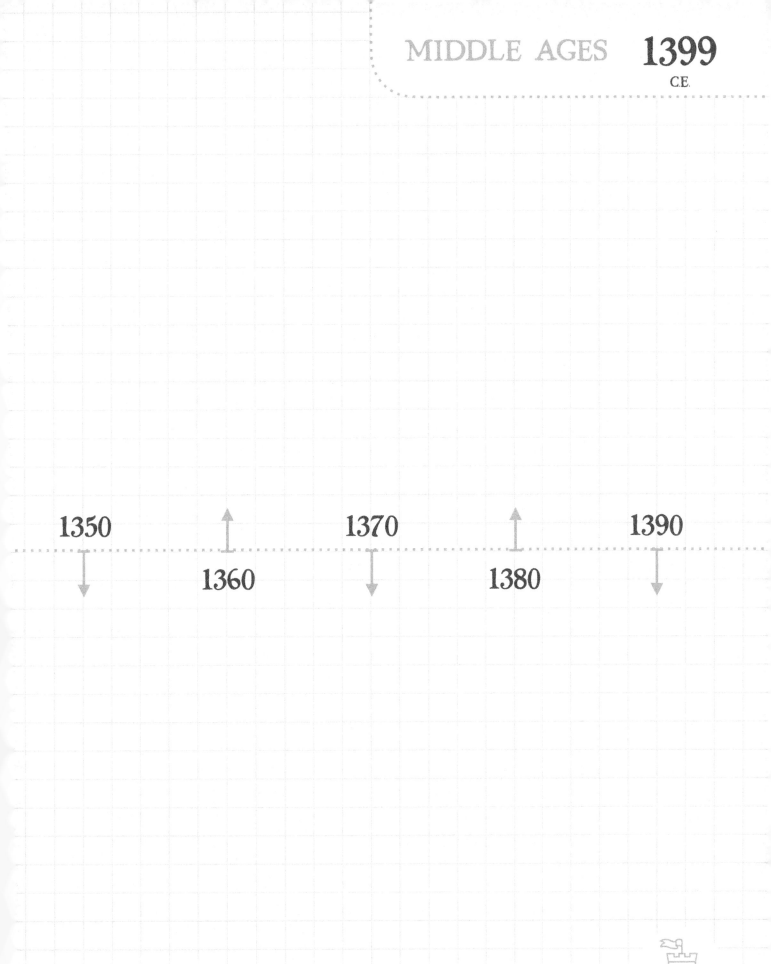

1350

1360

1370

1380

1390

1400
CE

MIDDLE AGES

1410

1430

1400

1420

1440

1450

1460

1470

1480

1490

1510

1530

1500

1520

1540

1550

1560

1570

1580

1590

EARLY

MODERN

TIMES

1600 – 1850 C.E.

the best of

EARLY MODERN

1600

1601

1602

1603

1604

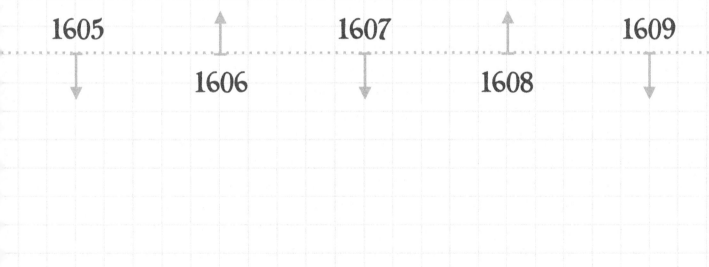

1605

1606

1607

1608

1609

1611

1613

1610

1612

1614

1615

1616

1617

1618

1619

1620 1621 1622 1623 1624

1625

1626

1627

1628

1629

1630

1631

1632

1633

1634

1635

1636

1637

1638

1639

1640

1641

1642

1643

1644

1645

1646

1647

1648

1649

1650

1651

1652

1653

1654

1655

1656

1657

1658

1659

1661

1663

1660

1662

1664

1665

1666

1667

1668

1669

1670   1671   1672   1673   1674

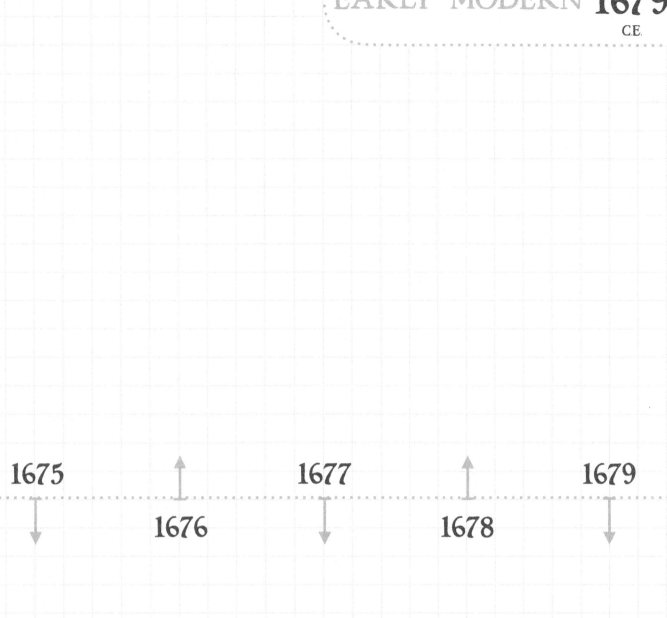

1675

1676

1677

1678

1679

1681

1680

1682

1683

1684

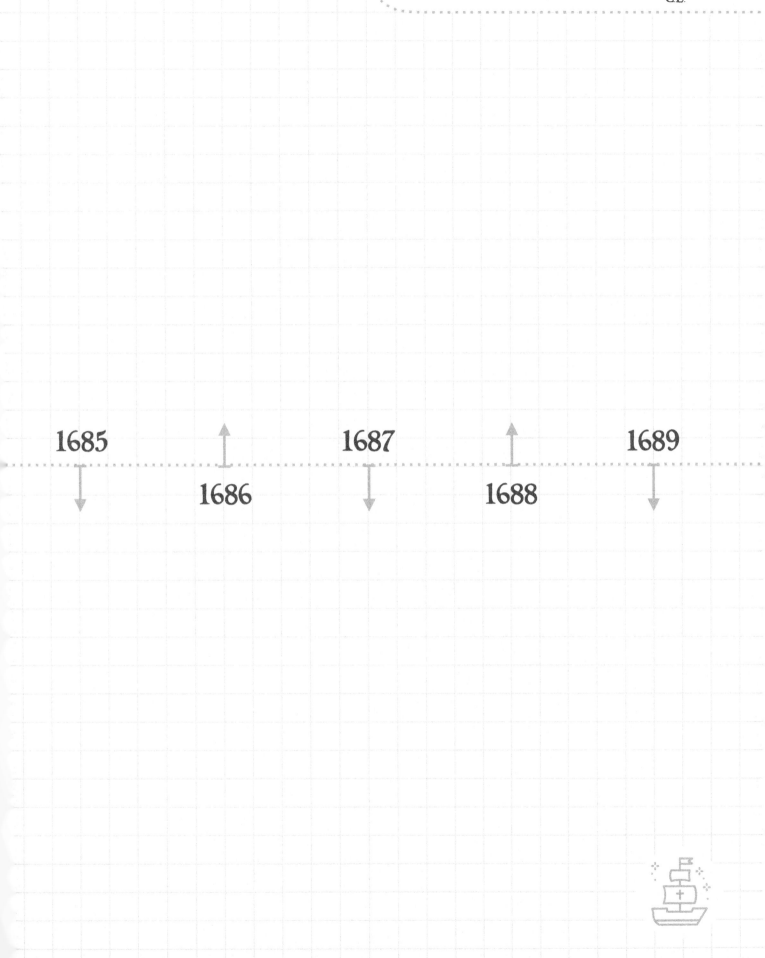

1685

1686

1687

1688

1689

1691

1693

1690

1692

1694

1695

1696

1697

1698

1699

1700

1701

1702

1703

1704

1705

1706

1707

1708

1709

1711

1713

1710

1712

1714

1715

1716

1717

1718

1719

1720   1721   1722   1723   1724

1725

1726

1727

1728

1729

1730

1731

1732

1733

1734

1735

1736

1737

1738

1739

1740

1741

1742

1743

1744

1745

1746

1747

1748

1749

1751

1753

1750

1752

1754

1755

1756

1757

1758

1759

1761

1760

1762

1763

1764

1765

1766

1767

1768

1769

1771

1770

1772

1773

1774

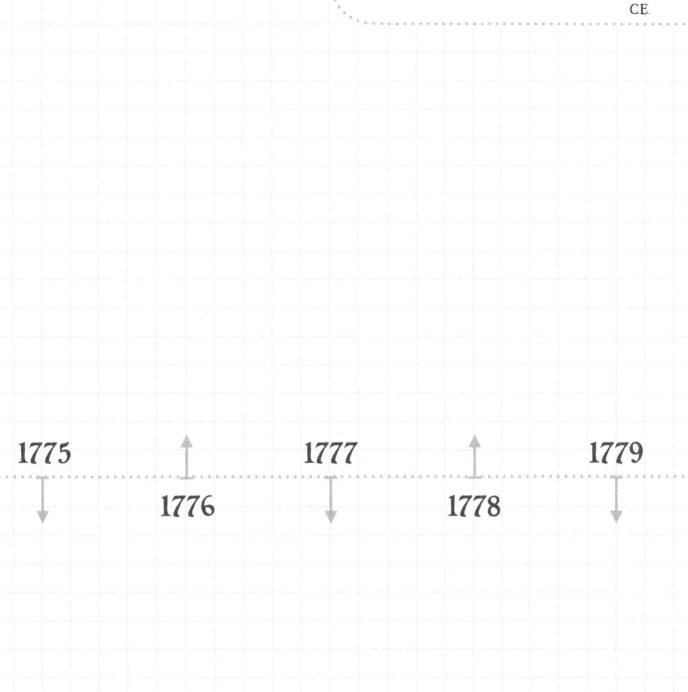

1775

1776

1777

1778

1779

1781

1783

1780

1782

1784

1785

1786

1787

1788

1789

1791

1793

1790

1792

1794

1795

1796

1797

1798

1799

1800

1801

1802

1803

1804

1805

1806

1807

1808

1809

1811

1810

1812

1813

1814

1815

1816

1817

1818

1819

1821

1823

1820   1822   1824

1825

1826

1827

1828

1829

1831

1833

1830

1832

1834

1835

1836

1837

1838

1839

1840   1841   1842   1843   1844

1845

1846

1847

1848

1849

MODERN TIMES

1850 C.E. - PRESENT

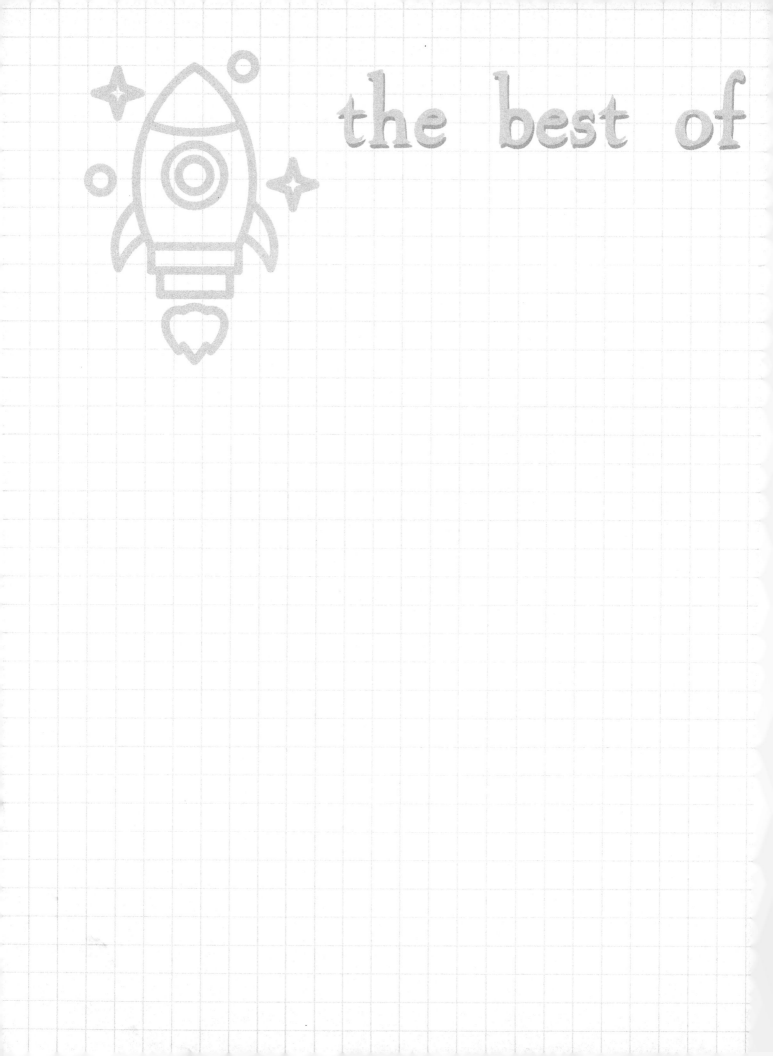

the best of

MODERN TIMES

1850

1851

1852

1853

1854

1855

1856

1857

1858

1859

1861

1863

1860

1862

1864

1865

1866

1867

1868

1869

1871

1873

1870

1872

1874

1875

1876

1877

1878

1879

1881

1880

1882

1883

1884

1885

1886

1887

1888

1889

1891

1893

1890

1892

1894

1895

1896

1897

1898

1899

1901

1903

1900

1902

1904

1905

1906

1907

1908

1909

1911

1913

1910

1912

1914

1915

1916

1917

1918

1919

1921

1923

1920

1922

1924

1925

1926

1927

1928

1929

1931

1933

1930

1932

1934

1935

1936

1937

1938

1939

1940

1941

1942

1943

1944

1945

1946

1947

1948

1949

1951

1953

1950

1952

1954

1955 1957 1959

1956 1958

1961

1963

1960

1962

1964

1965

1966

1967

1968

1969

1971

1973

1970

1972

1974

1975

1976

1977

1978

1979

1980

1981

1982

1983

1984

1985

1986

1987

1988

1989

1991

1993

1990

1992

1994

1995

1996

1997

1998

1999

2001

2003

2000

2002

2004

2005

2006

2007

2008

2009

2011

2013

2010

2012

2014

2015

2016

2017

2018

2019

2021

2023

2020

2022

2024

2025

2026

2027

2028

2029

2031

2033

2030

2032

2034

2035

2036

2037

2038

2039

2040

2041

2042

2043

2044

2045

2046

2047

2048

2049

2050

2051

2052

2053

2054

2055

2056

2057

2058

2059

2061

2063

2060

2062

2064

2065

2066

2067

2068

2069

2071

2073

2070

2072

2074

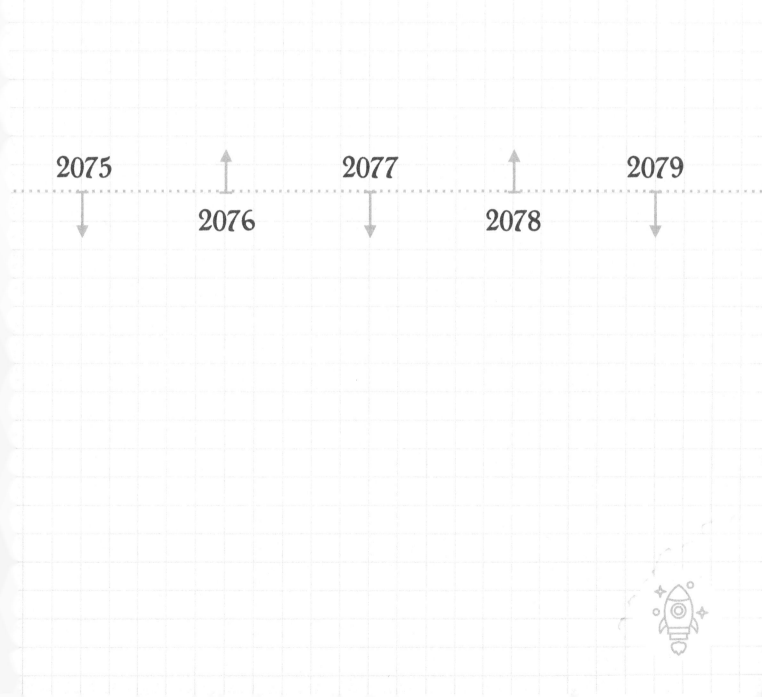

2075

2076

2077

2078

2079

2080

2081

2082

2083

2084

2085

2086

2087

2088

2089

2091

2093

2090

2092

2094

MODERN TIMES **2099**
CE.

2095

2096

2097

2098

2099

QUESTIONS

QUESTIONS

QUESTIONS

QUESTIONS

Made in the USA
Monee, IL
16 September 2021